Lateinamerikanisches Spanisch lernen!

Spanisch lernen für den Alltag und die nächste Reise! Praxisnahe, einfache Übungen für bessere Grammatik, mehr Vokabeln, wichtige Sätze, sowie Kurzgeschichten als Audiodateien für das Hörverständnis (inkl. Lösungen)

von *César E. Torreblanca*

Übersetzung von *Christopher Klein*

Alle Rechte vorbehalten.

Schwierigkeitsgrad:

Einfach ★

Mittel ★★

Schwer ★★★

Bibliographische Information der Deutschen Nationalbibliothek
Die Deutsche Nationalbibliothek verzeichnet diese Publikation in de r Deutschen Nationalbibliographie; detaillierte Daten sind im Internet abrufbar über: https://dnb.de

Für Fragen und Anregungen
cesar@torreblanca.ca

Lateinamerikanisches Spanisch lernen!
1. Auflage, Juli 2022
Copyright César Torreblanca (Hg.) und Christopher Klein

Ein Imprint von KLHE-Verlag der GbR:
C. Klein & J. Helbig
Hortensienstraße 26
40474 Düsseldorf
Copyright 2022 César Torreblanca (Hg.) und Christopher Klein

Alle Rechte vorbehalten! Verstöße gegen den urheberrechtlichen Schutz sowie jegliche Bearbeitung, Verbreitung oder Vervielfältigung d er schöpferischen Elemente sind nur mit ausdrücklicher vorheriger Zustimmung d es Verlags und der Herausgeberin zulässig. Zuwiderhandlungen werden unter anderem strafrechtlich verfolgt!

Autor: César Torreblanca
Übersetzung und Lektorat: Christopher Klein
Cover: KLHE Verlag, Christopher Klein
Buchlayout und Buchsatz: Christopher Klein

ISBN-13: 978-3-98538-061-9

Weitere Informationen zum Verlag:
www.klhe.de

Inhaltsverzeichnis

Einleitung _____ *5*
Konjugation der einfachen Verben ★ _____ *7*
Die Verben "SER" und "ESTAR" ★ _____ *8*
Wie spät ist es? ★ _____ *9*
Vokabeln üben ★ _____ *10*
Basisverben üben ★ _____ *11*
Übungen mit dem Verb "IR" ★ _____ *14*
Übung mit dem Verb "TENER" ★ _____ *15*
Vokabeln üben – Kreuzworträtsel 1: Reisen _____ *16*
Pronomen und Demonstrativpronomen ★ _____ *18*
Posesivos ★ _____ *19*
Hörvermögen I ★ _____ *21*
Vokabeln üben - Wortsuche ★ _____ *22*
Präpositionen in der Praxis ★★ _____ *23*
Vokabeln üben - Kreuzworträtsel 2: Freizeit _____ *24*
Verb-Konjugation ★★ _____ *26*
Die Verben "SER" und "ESTAR" ★★ _____ *27*
Das Verb "MÖGEN" ★★ _____ *28*
Zeiten: Das Imperfekt ★★ _____ *29*
Grundlegende Verben üben ★★ _____ *31*
Adverben üben ★★ _____ *32*
Die korrekte Verwendung von "POR" und "PARA" ★★ _____ *33*
Hörvermögen II ★★ _____ *34*
Vokabeln üben - Kreuzworträtsel 3: Zahlen, Farben, Alltag ___ *35*
Hörverstehen III – Zahlen ★★★ _____ *37*
Übungen zum Subjuntivo ★★★ _____ *38*
Basisverben üben ★★★ _____ *40*
Die Verben "SER" und "ESTAR" ★★★ _____ *41*
Hörverstehen IV ★★★ _____ *42*
Vokabelübung (Sprichwörter) ★★★ _____ *43*
Vokabelübung - Kreuzworträtsel 4: Beruf _____ *44*
Mis Nuevas Palabras / Meine neuen Wörter: _____ *46*
Una Nota del Autor / Eine Anmerkung des Autors: _____ *47*
Antwortschlüssel _____ *48*

Einleitung

*Spanisch ist die beliebteste Sprache, die gelernt wird. Meine Aufgabe und meine Leidenschaft ist es, jedem beim Erlernen dieser Sprache zu helfen. Aus diesem Grund habe ich diese **"Umfassende Sammlung von Spanischübungen"** geschrieben: um allen Schülern, ganz unabhängig von ihrem Niveau, zu helfen.*

Dieses Buch ist so konzipiert, dass es für alle Sprachniveaus von Nutzen ist. Die Übungen für Anfänger stehen zu Beginn des Buches und sind mit einem Stern gekennzeichnet: "★". Die Übungen mit mittlerem Schwierigkeitsgrad haben zwei Sterne und die schwierigsten Übungen sind mit drei Sternen gekennzeichnet.

*Wenn Sie sich als fortgeschrittener Schüler betrachten, empfehle ich Ihnen, **alle Übungen** zu machen, da Sie auch bei den leichten Abschnitten die eine oder andere Herausforderung finden werden.*

Auf allen Niveaus finden Sie verschiedene Arten von Übungen: Lückentexte, Übersetzungen, Multiple Choice, usw.

*Wenn Sie das Buch bei Amazon gekauft haben, würde ich mich über eine Bewertung und eine kurze Rezension **sehr freuen**!*

Ich wünsche Ihnen nur das Beste und viel Erfolg beim Lernen dieser tollen Sprache.

¡Buena suerte!

C. E. Torreblanca
cesar@torreblanca.ca
www.torreblanca.ca

Vorwort vom Übersetzer

Ich habe César als Sprecher diverser spanischer Hörbücher, die über unseren Verlag veröffentlicht wurden, kennengelernt. Erst im Laufe der Zeit unserer Zusammenarbeit habe ich erfahren, dass er auch Spanisch lehrt. Daraus ist in eine gegenseitige Kooperation in Form dieses Buch entstanden, das ich aus dem Englischen in das Deutsche übersetzt habe.

*Ein **Herzensprojekt**, da ich – nicht zuletzt wegen der Liebesbande, die ich nach Mexiko pflege – die Spanische Sprache aber auch die insbesondere lateinamerikanitsche Kultur so sehr liebe.*

Christopher Klein

Autor, Übersetzer & Co. Founder des KLHE-Verlags
ck@klhe.de
www.klhe.de

Konjugation der einfachen Verben ★

Wähle ein Wort aus der rechten Spalte aus, das der richtigen Konjugation in der linken Spalte entspricht:

1. *Ich bin [nervös]* — *i*   a. puedes
2. Er ist *[groß]*   b. va
3. Wir möchten   c. voy
4. Ich spreche   d. pueden
5. Wir haben   e. hablo
6. Du bist *[müde]*   f. tengo que
7. Sie sprechen   g. queremos
8. Du kannst   h. tengo
9. Du bist *[groß]*   *i. estoy*
10. Ihr könnt   j. está
11. Ich gehe   k. puede
12. Sie sind *[Freunde]*   l. es
13. Sie ist *[glücklich]*   m. estamos
14. Sie kann   n. tenemos que
15. Er arbeitet   o. hablan
16. Wir sind *[traurig]*   p. eres
17. Wir müssen   q. trabaja
18. Ich habe   r. tenemos
19. Ich muss   s. son
20. Sie geht   t. estás

Die Verben "SER" und "ESTAR" ★

Fülle die Lücken mit der richtigen Form des Verbs SER oder ESTAR:

1. Juana y Alicia _____ profesoras. Ellas _____ muy inteligentes.
2. Esa botella _____ de plástico.
3. Esa botella _____ vacía.
4. El avión no _____ lleno.
5. Canadá _____ más grande que México.
6. México _____ al sur de Canadá.
7. Mi casa no _____ cara pero _____ en un sitio muy bonito.
8. Nosotros no _____ cansados.
9. La reunión _____ en la oficina de Carlos.
10. ¡Hola Pedro! ¿Cómo _____?
11. Esos libros _____ muy interesantes.
12. La familia de Carol _____ en Londres, Inglaterra.
13. La familia de Carol _____ de Londres, Inglaterra.
14. Estos autos no _____ muy baratos pero _____ muy buenos.
15. La puerta de mi casa _____ abierta.
16. Lima _____ la capital de Perú. Lima _____ en la costa del país.
17. La limonada de Jorge _____ muy fría.
18. Las flores favoritas de mi mamá _____ las rosas.
19. Los libros de español _____ en la mesa de la cocina.
20. La mesa de la cocina _____ cuadrada.

Wie spät ist es? ★

Schreibe die Uhrzeit, die auf der Uhr angezeigt wird, in die entsprechende Zeile:

a. _____

b. _____

c. _____

d. _____

e. _____

f. _____

Spanisch lernen einfach und schnell!

Vokabeln üben ★

Übersetze die Wörter in der Liste und schreibe sie an die richtige Stelle in der Tabelle:

C	l	a	s	e				
A								
S								
T								
E								
L								
L								
A								
N								
O								

Schüler: _____   Objekt: _____

Lektion: _____   Akzent: _____

Buch: _____   Hausaufgaben: _____

Alphabet: _____   Wissen: _____

~~Klassenstunde:~~ *Clase*   Nationen: _____

Spanisch lernen einfach und schnell!

Basisverben üben ★

I. Verwende das angegebene Verb auf die richtige Weise, indem Du die Lücken ausfüllst. (Wenn das Symbol "¿?" angezeigt wird, musst Du das entsprechende Verb bestimmen):

1. María va a _ir_ a su oficina el sábado porque _tiene_ mucho trabajo.
(ir / tener)

2. Lo siento, pero no _____ _____ a la reunión.
(poder / ir)

3. El banco _____ muy lejos. Yo no _____ caminar hasta allá.
(¿? / querer)

4. ¿Quiénes _____ esos chicos? Ellos _____ mis amigos del colegio. (¿?/¿?)

5. Nosotros _____ que _____ al dentista cada seis meses.
(tener / ir)

6. Hoy _____ mucho calor. ¿Quieres _____ a la playa?
(¿? / ir)

7. Nicolás y su novia no _____ ir al cine hoy. Nicolás _____ enfermo.
(poder/¿?)

8. Yo no _____ _____ contigo hoy. No _____ tiempo.
(poder / hablar / tener)

9. Mi esposa no _____ muy bien. Ella no _____ ir al cine.
(¿? / poder)

10. Yo _____ mucha sed. _____ ganas de un vaso de limonada.
(tener / ¿?)

11. ¿Quién _____ ese señor? Ese señor _____ el amigo de mi papá.
(¿?/¿?)

12. Doris _____ _____ de vacaciones. Ella _____ ir a Brasil.
(querer / ir / querer)

13. El auto de Enrique _____ blanco pero _____ muy sucio.
(¿?/¿?)

14. Tu café _____ muy frío. Tú _____ un café caliente, ¿no?
(¿? / querer)

15. ¿Qué hora _____? _____ las diez de la mañana.
(¿? / ¿?)

16. Ayer ____ la fiesta de María. Yo _____ allí hasta las 3:00 a.m.!
(¿? / estar)

II. Fülle die leeren Kästchen mit den entsprechenden Buchstaben aus, um die Form des Verbs zu bilden, die in Form des Verbs im Deutschen:

1	Ich habe	t	e	n	g	o		
		g	n	t	e	o		
2	Wir sind [Ort]	e	t	a	o	s	m	s
3	Er kann	p	e	d	u	e		
4	Sie gehen	n	a	v				
5	Ich kann	u	e	d	p	o		
6	Du hattest	i	v	t	s	u	e	t
7	Wir sind	s	o	s	m	o		
8	Ich gehe	o	y	v				
9	Du hast gemacht	c	i	s	h	i	t	e
10	Wir konnten	u	p	d	m	i	s	o
11	Du bist gegangen	f	i	t	e	u	s	
12	Du warst [Ort]	s	t	v	e	u	i	s	t	e
13	Ich habe getan	i	h	c	e			
14	Ich bin [Ort]	y	s	e	o	t		

Spanisch lernen einfach und schnell!

Übungen mit dem Verb "IR" ★

I. Übersetze die folgenden Sätze vom Spanischen ins Deutsche:

1. No puedo ir al mercado. Tengo que ir a la casa de mi tío.
   _____

2. ¿Fuiste al bar después del concierto? No, fui solo al concierto.
   _____

3. No voy a ir a la tienda esta noche. Ya fui esta mañana.
   _____

4. ¿Dónde vamos a comer? Vamos a ir a un restaurante italiano.
   _____

5. ¿Con quién fuiste a la fiesta de Carmen? Fui con mi esposo.
   _____

II. Übersetzen Sie die folgenden Sätze vom Deutschen ins Spanische:

1. Gehst Du morgen ins Büro?
   _____

2. Sie können nicht auf die Party gehen.
   _____

3. Wir waren drei Mal in diesem Restaurant.
   _____

4. Ich werde in zwei Stunden nach Hause gehen.
   _____

5. Gehst du gerne ins Kino?
   _____

Übung mit dem Verb "TENER" ★

Wähle die beste Übersetzung aus den folgenden Sätzen:

1. *Ich habe drei Brüder. Du hast zwei.*
    a. Yo tengo tres hermanos. Tú tienen dos.
    b. Yo tuve tres hermanos. Tú tienes dos.
    c. Yo tengo que tres hermanos. Tú tienes que dos hermanos.
    d. Yo tengo tres hermanos. Tú tienes dos.

2. *Hast du Lust, ins Kino zu gehen?*
    a. ¿Quieres ir al cine?
    b. ¿Tienes que ir al cine?
    c. ¿Tienes ganas de ir al cine?
    d. ¿Tienes ganas de vas al cine?

3. *Wie alt ist dein Sohn?*
    a. ¿Cómo años tiene tu hermano?
    b. ¿Tienes un hijo?
    c. ¿Cuántos años tiene tu hijo?
    d. ¿Cuántos años tuvo tu hermano?

4. *Ich muss morgen zur Schule gehen.*
    a. Tengo que ir al colegio mañana.
    b. Tengo que ir al colegio después.
    c. Voy a tener que ir al colegio mañana.
    d. Tenemos que vamos al colegio mañana.

5. *Wir sind sehr durstig. Wir müssen jetzt Wasser trinken.*
    a. Estamos mucha sed. Tenemos que tomar agua ahora.
    b. Tenemos mucha agua. Tenemos que tomar agua hoy.
    c. Tengo mucha sed. Tengo que tomar agua ahora.
    d. Tenemos mucha sed. Tenemos que tomar agua ahora.

6. *Ich muss ins Büro gehen. Ich habe eine Menge Arbeit.*
    a. Tuve que ir a la oficina. Tuve mucho trabajo.
    b. Tengo que ir a la oficina. Tengo mucho trabajo.
    c. Tengo voy a la oficina. Tengo muy trabajo.
    d. Tener que ir a la oficina. Tengo que trabajar mucho.

Vokabeln üben – Kreuzworträtsel 1: Reisen

Fülle das Gitter aus, indem Du es mit den richtigen Wörtern füllst. Du wirst feststellen, dass die horizontalen und vertikalen Hinweise sowohl auf Deutsch als auch auf Spanisch sind. Trage in das Raster das deutsche Wort für den spanischen Begriff ein, der als Hinweis angezeigt wird. Die spanischen Wörter kannst Du eins zu eins eintragen, sie sind als Hinweise gedacht. Akzente sind hier nicht relevant. Denke auch daran, dass die Wörter verschiedene Bedeutungen haben können.

Wortliste

1. Urlaub
2. Unterkunft
3. besichtigen
4. kaufen
5. schwimmen
6. fotografía
7. mar
8. sol
9. mapa
10. laufen
11. Strand
12. check in (en el hotel)
13. Markt
14. trinken
15. essen
16. Rucksack
17. turistas
18. Españoles
19. noche
20. día
21. cámara
22. Geld
23. Richtung
24. Toilette
25. schlafen
26. warten
27. Wetter
28. regnen
29. Schuhe
30. fahren

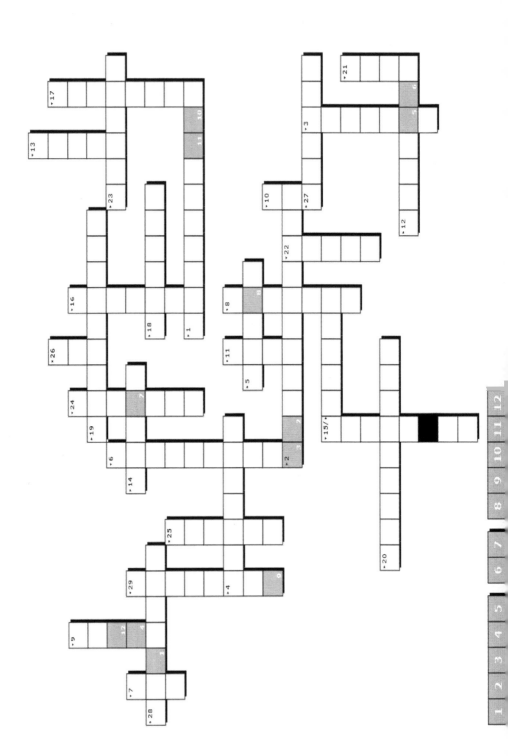

Spanisch lernen einfach und schnell!

Pronomen und Demonstrativpronomen ★

Verwende das richtige Adjektiv/Demonstrativpronomen (ese, este, esa, esta, eso, esto), um die Sätze korrekt zu vervollständigen:

1. Mi auto no es _____. *Ds ist nicht mein Autoo.*

2. _____ chicos son mis amigos. *Diese Kinder sind nicht meine Freunde.*

3. _____ cerveza no está muy fría. *Dieses Bier ist nicht sehr kalt.*

4. _____ botellas están rotas. *Diese Flaschen sind kaputt.*

5. ¿No quieres _____ revistas? *Willst Du diese Zeitschriften nicht?*

6. No quiero hablar de _____ . *Ich möchte nicht darüber sprechen.*

7. ¿Puedes hablar con _____ clientes? *Kannst Du mit diesen Kunden sprechen?*

8. _____ coche es rojo. _____ es azul. *Dieses Auto ist rot. Jenes ist blau.*

9. _____ camisa es de Roberto. *Dieses Hemd gehört Robert.*

10. _____ zapatos son de Roberto. *Diese Schuhe gehören Robert.*

11. _____ chica es Rosa. _____ chico es Pepe. *Das Mädchen ist Rosa. Der Junge ist Pepe.*

12. Yo puedo hacer _____ ejercicios solo. *Ich kann diese Übungen selbst.*

13. _____ auto es el mejor. *Dieses Auto ist das Beste.*

14. ¡ _____ es muy importante....! *Das ist sehr wichtig!*

15. ¡ _____ documento es muy importante! *Dieses Dokument ist sehr wichtig!*

16. ¿Qué es _____ ? *Was ist das?*

17. No me gustan _____ vinos. Me gustan _____. *Ich mag diese Weine nicht. Ich mag jene.*

18. ____ mujer es María. Ella es tía de _____ chicas. *Diese Frau ist Maria. Sie ist die Tante jener Mädchen.*

Posesivos ★

I. Verwende das Possessivadjektiv oder Possessivpronomen richtig:

1. ¿Cuál es _____ habitación?
   Welches ist unser Zimmer?

2. Esta camisa no es _____.
   Dieses Hemd gehört nicht mir.

3. Estos libros no son _____ . Son _____ Paula.
   Diese Bücher gehören nicht uns. Sie gehören Paula

4. Julia y Rosa son _____ hermanas.
   Julia und Rosa sind meine Schwestern.

5. Julia es _____ hermana.
   Julia ist meine Schwester.

6. ¿Esta es _____ casa? Sí, esta casa es _____ .
   Ist das Dein Haus? Ja, dieses Haus ist meines / gehört mir.

7. El auto rojo no es _____ _____ .
   Das rote Auto gehört nicht uns.

8. _____ auto es el azul.
   Unser Auto ist das blaue.

9. María es amiga _____. Ella es la esposa _____ Tomás.
   Maria ist eine Freundin von mir. Sie ist die Frau von Thomas.

10. Cecilia, Mónica y Susana son amigas _____ .
    Cecilia, Monica und Susana sind Freunde von Dir.

11. Hoy es _____ cumpleaños. ¿Dónde están _____ regalos?
    Heute ist mein Geburtstag. Wo sind meine Geschenke?

12. ¿Estas maletas son _____? No, _____ maletas son esas.
    Sind das deine Koffer? Nein, unsere Koffer sind jene [dort].

II. Wähle die beste Übersetzung für die folgenden Sätze:

1. Die Flasche Wasser gehört mir.
   a. La botella de agua es de yo.
   b. Esa botella de agua es mío.
   c. La botella de agua es mía.
   d. Esa botella de agua no es mí.

2. Unser Hund heißt Pepito.
   a. El nombre de tu perro es Pepito.
   b. Pepito es el nombre de nuestro perro.
   c. Nuestro perro's name es Pepito.
   d. Nuestros perros nombre es se llama Pepito.

3. Welche sind Deine Koffer / Welche Koffer gehören Dir?
   a. ¿Cuáles son tus maletas?
   b. ¿De quién es esa maleta?
   c. ¿Cuál es sus maletas
   d. ¿Cuáles son las maletas de tú?

4. Dies sind nicht die Bücher von Pedro.
   a. Estos no son Pedro's libros.
   b. Estos sí son los libros de Pedro's.
   c. Los libros de Pedro son estos.
   d. Estos no son los libros de Pedro.

5. Ist das Dein Pass? Nein, dieser Pass gehört meinem Mann.
   a. ¿Este es tu pasaporte? No, ese es el pasaporte de mi esposo.
   b. ¿Este es tu pasaporte? No, ese es mi esposo's pasaporte.
   c. ¿Este pasaporte es tuyo? No, ese es el pasaporte de mi esposo.
   d. ¿Tu pasaporte es ese? No, mi pasaporte está en mi casa.

6. Dieser Apfel gehört mir und der da gehört dir.
   a. Esta manzana es mía y esa es tu manzana.
   b. Esta manzana es mía y esa es tuya.
   c. Esta es mi manzana y esa es tu manzana.
   d. Esta manzana es de mí y esta manzana es tuya.

Hörvermögen I ★

Dies ist eine Audio-Übung. Kopiere die vollständige URL in den Browser und Dein Audioprogramm wird den Clip abspielen. Höre Dir die Geschichte sehr aufmerksam an.

Während Du die Geschichte hörst, transkribiere sie vollständig. Mit anderen Worten: Schreibe den gesamten Inhalt der Aufnahme auf Spanisch (1 zu 1).

Du kannst auch laut mitlesen und übersetzen. Vergesse nicht, alle neuen Wörter aufzuschreiben und später zu wiederholen...!

http://torreblanca.ca/Homework/HabilidadAuditival-Juan.mp3

Um Deine Arbeit zu überprüfen: Unter der folgenden URL kannst Du das vollständige Skript herunterladen. Versuche aber bitte zuerst, die Transkription selbst vorzunehmen...!

http://torreblanca.ca/Homework/HabilidadAuditival-Juan.docx

Vokabeln üben - Wortsuche ★

Suche in diesem Quadrat die untenstehenden spanischen Wörter.

p	i	m	i	e	n	t	a	j	o
a	g	u	j	a	e	o	n	u	s
n	a	c	v	p	b	r	g	g	o
t	t	b	i	u	l	t	e	a	b
e	o	a	d	e	i	u	l	r	r
n	l	s	r	r	n	g	l	a	i
e	l	e	i	t	a	a	o	y	n
d	a	i	o	a	j	n	v	o	o
o	f	e	o	a	a	p	e	r	u
r	i	o	c	m	p	a	r	e	d

Palabras
aguja
ajo
angel
base
caja
cien
feo
gato
jugar
lio
llover
mano
neblina
olla
oso
pan
pared
peru
pimienta
puerta
rayo
rio
sobrino
tenedor
tortuga
tos
vidrio

Spanisch lernen einfach und schnell!

Präpositionen in der Praxis ★★

Fülle die Lücken mit der richtigen Präposition. In der folgenden Liste sind die Präpositionen aufgeführt, die du verwenden solltest (es sind auch die häufigsten):

a   al   de   del   que   en   con   sin   por   para

Yo voy _____ mi mamá _____ mercado todos los sábados _____ la mañana. Pero, antes _____ ir _____ mercado, tenemos _____ ir _____ la carnicería. Mi familia come mucha carne y nos gusta mucho. Comemos carne _____ res, pollo, etc. Esta carnicería es _____ papá de mi amigo José; la carne _____ tienen es muy buena y _____ grasa...! Después _____ la carnicería, vamos _____ supermercado. Allí compramos muchas cosas _____ la familia. Frutas y verduras _____ mi hermana, té _____ mi abuelita, galletas _____ chocolate _____ mi hermanito y, cerveza _____ mi papá.

Después _____ comprar carne y comida, regresamos _____ la casa _____ limpiar. Mi papá trabaja _____ el jardín y mi mamá y mi hermana limpian la sala y los dormitorios. Yo estoy _____ mi abuelita _____ la cocina preparando el almuerzo.

_____ la tarde, yo voy _____ cine _____ mis amigos. Las películas _____ más me gustan son las películas _____ acción y _____ romance. _____ mí, ir _____ cine es la mejor parte _____ fin de semana.

Vokabeln üben - Kreuzworträtsel 2: Freizeit

Fülle das Gitter aus, indem Du es mit den richtigen Wörtern füllst. Du wirst feststellen, dass die horizontalen und vertikalen Hinweise sowohl auf Deutsch als auch auf Spanisch sind. Trage in das Raster das deutsche Wort für den spanischen Begriff ein, der als Hinweis angezeigt wird. Die spanischen Wörter kannst Du eins zu eins eintragen, sie sind als Hinweise gedacht. Akzente sind hier nicht relevant. Denke auch daran, dass die Wörter verschiedene Bedeutungen haben können.

Wortliste

1. Hobby
2. Freunde
3. lachen
4. ausgehen
5. Kino
6. Sport
7. Getränke
8. sich treffen
9. Kaffee trinken
10. lesen
11. Park
12. Restaurant
13. Sehenswürdigkeiten
14. Party
15. Verabredung
16. Zeit
17. Haustiere
18. einkaufen
19. spielen
20. besuchen
21. Stadt
22. Sportplatz
23. Schwimmbad
24. ausgehen
25. Museum
26. Mitternacht
27. Bier
28. Ausstellung
29. Feierabend
30. entspannen

Spanisch lernen einfach und schnell!

24

Verb-Konjugation ★★

Verbinde die linke Spalte mit der rechten Spalte:

1. *Ich bin gegangen* — g
2. *Du bist gegangen (Imperfekt)*
3. *Er wollte*
4. *Er hat gewollt*
5. *Wir waren [Ort]*
6. *Sie musste (Imperfekt)*
7. *Du warst [mein Freund]*
8. *Ich war [dein Freund] (Imp.)*
9. *Wir konnten*
10. *Ich habe gemacht*
11. *Sie mag*
12. *Du musstest*
13. *Ich habe gemocht*
14. *Ich mochte (Imperfekt)*
15. *Du konntest*
16. *Ich tat (Imperfekt)*
17. *Ich habe gewollt*
18. *Wir hatten (Imperfekt)*

a. fuiste
b. hemos estado
c. pudimos
d. le gusta
e. he querido
f. has podido
g. he ido
h. me ha gustado
i. ibas
j. me gustaba
k. hacía
l. ha querido
m. quiso
n. teníamos
o. era
p. he hecho
q. tenía que
r. tuviste que

Spanisch lernen einfach und schnell!

Die Verben "SER" und "ESTAR" ★★

Verwende das Verb SER oder ESTAR auf die richtige Weise, indem Du es in die leere(n) Zeile(n) schreibst:

1. Nosotros _____ en la oficina cuando el terremoto empezó.

2. La botella que _____ en la mesa _____ rota.

3. Javier y su esposa _____ en Europa hace cuatro años.

4. Este supermercado ____ _____ aquí por mucho tiempo.
   (usa el tiempo 'perfecto')

5. Javier y María ____ _____ casados por cuatro años.

6. Inés _____ más inteligente que Doris pero Doris _____ más simpática.

7. Perú _____ tan grande como Colombia.

8. Las fiestas de graduación siempre _____ _____ en esta sala.

9. Nosotros _____ _____ en Europa tres veces.

10. Cuando yo _____ joven, jugaba fútbol muy bien.

11. La reunión de ayer _____ muy larga.

12. El contrato _____ muy importante pero todavía no _____ listo.

13. El clima en Cuba _____ más cálido que el clima en Argentina.

14. Yo nunca _____ _____ en París.

15. La puerta de mi casa _____ abierta cuando el perro se escapó.

Das Verb "MÖGEN" ★★

Übersetze die folgenden sätze:

1. José arbeitet gerne zu Hause. Er geht nicht gerne ins Büro.
   _____

2. Magst du Milch in deinem Kaffee? Nein, ich mag nur Zucker.
   _____

3. Meine Schwester mag lateinamerikanische Musik. Ich mag klassische Musik.
   _____

4. Wir mögen [die] Mangos aus Panama.
   _____

5. Ich esse gerne zu Hause. Und du...? Nein, ich esse gerne im Restaurant.
   _____

6. Cecilia geht nicht gern allein.
   _____

7. Singst Du gerne? Ja... aber ich tanze auch gerne.
   _____

8. Ich möchte keinen Brokkoli essen, weil ich ihn nicht mag.
   _____

9. Blau ist die Farbe, die ich am meisten mag.
   _____

10. Ich mag Rotwein, ... Du auch? Ich mag Weißwein.
    _____

Zeiten: Das Imperfekt ★★

I. Fülle die Lücken mit der entsprechenden Zeitform: Imperfekt oder einfaches Präteritum:

1. ¿Dónde _____ cuando _____ a tu casa?
Wo warst du, als ich bei dir zu Hause war?

2. Jorge y Marisa _____ en Argentina cuando yo los _____
Jorge und Marisa waren in Argentinien, als ich sie kennenlernte.

3. Yo _____ 19 años cuando _____ la universidad.
Ich war 17 Jahre alt, als ich die Schule beendete.

4. Mis padres _____ en Europa en 1960.
Meine Eltern waren 1960 in Europa.

5. José _____ en la fiesta el viernes pasado ¿no?
José war letzten Freitag auf der Party, nicht wahr?

6. Cuando _____ jóvenes, _____ a nadar al lago todos los domingos.
Als wir jung waren, gingen wir jeden Sonntag zum Schwimmen an den See.

7. Mi esposa y yo _____ en esta casa por trece años.
Meine Frau und ich haben 13 Jahre lang in diesem Haus gelebt.

8. Mi esposa y yo _____ en esta casa en 1987.
Meine Frau und ich wohnten 1987 in diesem Haus.

9. Mi esposa y yo _____ en esta casa.
Meine Frau und ich wohnten in diesem Haus.

10. Esta planta antes _____ en la sala pero ahora _____ en el patio.
Früher stand diese Pflanze im Wohnzimmer, jetzt steht sie auf der Terrasse.

II. Gebe die richtige Form des Verbs zwischen "Imperfekt" und "Pretérito Simple" an.

1. Yo [estaba / estuve] en París por 3 semanas.

2. Cuando [era / fui] joven, [tenía / tuve] muchos amigos en mi barrio.

3. Ayer [era / fue] la fiesta de Carmen. Yo no [iba / fui] porque [estaba / estuve] enfermo.

4. Cuando [tenía / tuve] diez años, mi amigo y yo [íbamos / fuimos] a la playa todos los sábados.

5. Antes del accidente, Carlos [podía / pudo] nadar muy bien.

6. Anoche, no [podíamos / pudimos] entrar al cine. No [había / hubo] asientos libres.

7. Por qué no [ibas / fuiste] a la reunión? Porque [tenía / tuve] que ir al doctor.

8. Estela tuvo un bebito de 7 libras. ¿Sí? Yo no [sabía / supe] eso.

Grundlegende Verben üben ★★

Wähle die richtige Option:

1. ¿Dónde está _____ Janet? Ella _____ yendo a la casa de su tía.
a. viniendo / es   b. caminó / ir
c. yendo / estuvo   d. yendo / está

2. Claudia no ha _____ hacer su trabajo. Ahora va a _____ problemas.
a. tiene / tener   b. podido / tendrá
c. querido / tener   d. tenido / tendrá

3. Cuando Marta _____ joven, _____ a visitar a su abuela todos los sábados.
a. era / iba   b. era / fue
c. estaba / iba   d. fue / iría

4. ¿_____ que Alfredo fue mi profesor de química por dos semestres?
a. Conoces   b. Sabías
c. Supiste   d. Conocías

5. Javier _____ visitado muchos países. Brasil es el que le _____ más.
a. he / quizo   b. ha / gustó
c. estado / gusta   d. más / gustó

6. A ustedes no les _____ trabajar los viernes. A mí tampoco me _____.
a. gustan / gustó   b. gustas / gustan
c. gusta / gusta   d. quieren / quiero

7. Hoy _____ mucho calor. Tengo _____ de ir a la playa.
a. es / quiero   b. hace / que
c. hace / ganas   d. hay / ganas

8. ¿Puedes _____ conmigo al hospital? No, vas a _____ que ir sola.
a. ir / sola   b. vas / tienes
c. vas / tener   d. ir / tener

9. Jorge _____ por dos años en el banco. Ahora está _____ para su papá.
a. trabajó / trabajado   b. trabajado / trabajando
c. trabajó / trabajo   d. trabajó / trabajando

10. Cuando yo _____ más joven _____ jugar fútbol todos los días.
a. fui / quiero   b. estaba / fui
c. era / tenía   d. era / podía

Adverben üben ★★

Ergänze die Lücken mit dem richtigen Adverb gemäß der Abbildung:

1. La lechuza está _____ del sombrero.

2. El _____ está debajo del zapato.

3. Los tomates están _____ de la pelota.

4. La _____ está arriba/encima de los tomates y a la _____ de la mujer.

5. El autobús está _____ el zapato y el sombrero.

6. El tigre está al _____ del violín.

7. El tigre está a la _____ del violín.

8. La mujer está a la _____ de la bruja.

9. La guitarra está entre la _____ y la _____ .

10. El zapato está a la _____ de los tomates y _____ de la mujer.

Die korrekte Verwendung von "POR" und "PARA" ★★

I. Übersetze folgende Sätze ins Spanische:

1. Ich war zwei Wochen lang in Madrid.
   _____

2. Janet kaufte ein Baumwollhemd für ihren Mann.
   _____

3. Peru ist bekannt für die Ruinen von Machu Picchu.
   _____

4. Die Katze verließ das Haus durch das Kellerfenster.
   _____

5. Ich möchte durch ganz Chile reisen. Deshalb möchte ich Spanisch lernen.
   _____

II. Verwende POR oder PARA in den entsprechenden Lücken:

1. Mi amigo Juan vive en Mississauga, _____ la biblioteca.

2. ¿ _____ qué se usa una aguja? Una aguja se usa _____ coser.

3. Voy a comprar un regalo _____ María.

4. Elena estuvo en Lima _____ tres años. Ella estuvo allí _____ estudiar.

5. Anoche caminé _____ el centro de Toronto _____ dos horas.

6. Necesitamos nuestro pasaporte _____ mañana.

7. Esas copas son _____ la fiesta. Denis las compró _____ $100.00.

8. Queremos cambiar estos pantalones negros _____ los marrones.

9. Yo siempre viajo a Montreal _____ avión.

10. La leche es buena _____ los huesos.

Hörvermögen II ★★

Eine weitere Hörübung. Kopiere die vollständige URL in den Browser und Dein Audioprogramm wird den Clip abspielen. Höre Dir die Geschichte ganz genau an.

Während Du die Geschichte hörst, transkribierst Du sie vollständig. Mit anderen Worten: Schreibe den gesamten Inhalt der Aufnahme auf Spanisch (1 zu 1).

Du kannst auch laut mitlesen und übersetzen. Vergesse nicht, alle neuen Wörter aufzuschreiben und später zu wiederholen...!

http://torreblanca.ca/Homework/HabilidadAuditivaII-Resena.mp3

Um Deine Arbeit zu überprüfen: Unter der folgenden URL kannst Du das vollständige Skript herunterladen. Versuche aber bitte zuerst, die Transkription selbst vorzunehmen...!

http://torreblanca.ca/Homework/HabilidadAuditivaII-Resena.docx

Vokabeln üben - Kreuzworträtsel 3: Zahlen, Farben, Alltag

Fülle das Gitter aus, indem Du es mit den richtig übersetzten Wörtern füllst. Bei diesem fortgeschrittenen Level gibt es keine Hilfestellungen durch spanische Wörter mehr. Akzente sind hier nicht relevant. Denke auch daran, dass die Wörter verschiedene Bedeutungen haben können.

Wortliste

1. Tür
2. Grau
3. Fünf
4. Tisch
5. zählen
6. malen
7. kochen
8. Zimmer
9. Garten
10. aufräumen
11. aufstehen
12. schlafen
13. Grün
14. Blau
15. Pinsel
16. waschen
17. putzen
18. Bett
19. Pflanzen
20. Uhr
21. Treppe
22. Zehn
23. Eins
24. Obst
25. Null
26. rechnen
27. Radio
28. Musik
29. Keller
30. Garage

Spanisch lernen einfach und schnell!

Hörverstehen III – Zahlen ★★★

Schreibe die Zahlen auf, die Du in der Aufnahme hörst.

Drucke das Dokument mit den Antworten bitte nicht aus, bevor Du die Übung nicht mindestens einmal ausprobiert habst...!

http://torreblanca.ca/Homework/HabilidadAuditivaIII-Numeros.mp3

Überprüfe deine Antworten anhand des Textes im folgenden Dokument...

http://torreblanca.ca/Homework/HabilidadAuditivaIII-Numeros.docx

Übungen zum Subjuntivo ★★★

I. Fülle die Lücken mit der richtigen Form des Subjuntivos:

1. Queremos un apartamento que no _____ muy caro. *(ser)*

2. ¿No crees que alguien me _____ ayudar? *(poder)*

3. María prefiere que tú no _____ con ella. *(hablar)*

4. Aquí no hay nada que me _____ . *(interesar)*

5. Si _____ mucho dinero, _____ un Ferrari para mi novia. *(tener, comprar)*

6. ¿Prefieres una casa que _____ piscina? *(tener)*

7. Quiero que [tú] _____ a mi reunión. *(venir)*

8. Quiero que ellos no _____ tarde. *(llegar)*

9. Alicia quiere que [yo] _____ esta noche. *(cocinar)*

10. Miguel quiere que [tú] lo _____ a su partido de hockey. *(llevar)*

11. Mi hijo esperaba que [yo] lo _____ jugar. *(ver)*

12. Alicia quería que yo _____ ejercicios todos los días. *(hacer)*

13. ¡Mónica va a bailar hasta que no _____ mover las piernas...! *(poder)*

14. Yo quería que mis hijos no _____ tarde de la fiesta. *(llegar)*

15. Yo quería que tú _____ a la reunión. *(ir)*

II. Vervollständige den Satz in der linken Spalte durch den richtigen Satz in der rechten Spalte (nicht alle Sätze haben notwendigerweise Verben im Subjuntivo...):

1. *Yo no creo que pueda...* __k__ París.

2. Ojalá... ___

3. Pienso que es bueno que... ___

4. Jorge quiere que su esposa... ___

5. Mi mamá siempre me dijo que... ___

6. Si [yo] fuera millonario... ___

7. Jamás [yo] pensé que... ___

8. Cuando... ___

9. Tú le dijiste a Susana que... ___

10. Manolo cree que... ___

11. La próxima vez que... ___

12. El cliente demandó que... ___

a. ... no fuera a Roma; por eso ella fue a

b. ... vaya a México, no voy a beber tequila.

c. ... viajaría por todo el mundo.

d. ... le devolvieran su dinero.

e. ... José fuera tan simpático!

f. ... esté jubilado, voy a viajar mucho.

g. ... su hijo no terminará la universidad.

h. ... sea muy feliz con él.

i. ... ahorrara mi dinero.

j. ... sepas la verdad.

k. ... *ir a tu fiesta. Gracias por invitarme.*

l. ... no llueva mañana. Quiero ir a la playa.

Basisverben üben ★★★

Fülle die leeren Kästchen mit den entsprechenden Buchstaben aus, indem Du die Form des Verbs auf Deutsch zu Spanisch übersetzt:

1	Wir gingen *(Imperfekt)*		a	b	o	í		m	s		
2	Ich wäre [Ort]	t	s	a	r	e	í	a			
3	[Sie] haben getan	n	a	h		e	c	h	o	h	
4	Ich kann *(Subjuntivo Präsenz)*	p	e	u	a	d					
5	Ich bin gegangen	h	b	a	í	a		d	o	i	
6	[Sie] könnte *(Imperfekt)*	d	o	í	p	a					
7	[Wir] sind gegangen	m	e	h	o	s		o	d	i	
8	[Ich] war *(Imperfekt)*	r	a	e							
9	[Du] hast gehabt	s	h	a		t	i	n	d	e	o
10	[Ich] bin gewesen [Ort]	e	h		a	s	e	t	o	d	
11	[Ich] gehe *(Subjuntivo Präsenz)*	a	v	a	y						
12	[Sie] gehen *(Gerundium)*	s	t	á	e	n		y	d	e	n	o

Spanisch lernen einfach und schnell!

Die Verben "SER" und "ESTAR" ★★★

Fülle die Lücken mit der richtigen Form von SER oder ESTAR:

1. Yo _____ en la oficina cuando el presidente del banco vino de visita.

2. Nosotros _____ en Argentina hace cuatro años.

3. Nosotros _____ en Argentina desde hace cuatro años.

4. Nosotros _____ _____ en Argentina tres veces.

5. Mi casa _____ allá pero ahora _____ aquí.

6. Me gustó mucho que Rosita _____ en la fiesta conmigo.

7. Me gusta mucho que Rosita _____ mejor después de su operación.

8. Cuando _____ más viejo, voy a vivir en Florida.

9. Nuestra oficina _____ solamente a cuatro cuadras del centro.

10. Mis amigos _____ canadienses pero cuando los conocí _____ en Chile.

11. No pensaba que [tú] _____ tan bueno tocando el piano.

12. No pienso que [tú] _____ listo para escribir el examen.

13. Roberto _____ _____ el mejor empleado por tres meses.

14. Sara _____ una de las personas que conocí en la reunión.

15. Amalia no va a ir a trabajar hasta que su hijita _____ bien.

Hörverstehen IV ★★★

Die Erzählung, die Du jetzt hören wirst, handelt von der Einwanderung nach Kanada. Es geht um alles, was damit zusammenhängt, um die Probleme, den Nutzen usw. Schreibe 1 zu 1 auf Spanisch auf, was Du in der Aufnahme hörst.

http://torreblanca.ca/Homework/HabilidadAuditivaIV-Inmigrando.mp3

Dieses Dokument ist das Transkript dessen, was Du zuvor gehört habst. Verwende es, um Deine Abschrift zu überprüfen.

http://torreblanca.ca/Homework/HabilidadAuditivaIV-Inmigrando.docx

Vokabelübung (Sprichwörter) ★★★

Ergänze den ersten Teil des Sprichwortes, der in der linken Spalte beginnt, mit dem entsprechenden Text in der rechten Spalte.:

1. En boca cerrada... _e_   a. ... que cientos volando.

2. Perro que ladra... ___   b. ... el tuerto es rey.

3. De tal palo... ___   c. ... se lo lleva la corriente.

4. En la tierra de los ciegos... ___   d. ... y te diré quién eres.

5. Más vale pájaro en mano... ___   **e. ... no entran moscas.**

6. Dime con quién andas... ___   f. ... es porque agua lleva.

7. A caballo regalado... ___   g. ... no muerde.

8. Camarón que se duerme... ___   h. ... corazón que no siente.

9. Ojos que no ven... ___   i. ... no se le mire el diente.

10. Cuando el río suena... ___   j. ... tal astilla.

Vokabelübung - Kreuzworträtsel 4: Beruf

Fülle das Gitter aus, indem Du es mit den richtig übersetzten Wörtern füllst. Bei diesem fortgeschrittenen Level gibt es keine Hilfestellungen durch spanische Wörter mehr. Akzente sind hier nicht relevant. Denke auch daran, dass die Wörter verschiedene Bedeutungen haben können.

Wortliste

1. Bäcker
2. Lehrer
3. lernen
4. schreiben
5. Ausbildung
6. Chef
7. bezahlen
8. Gehalt
9. bauen
10. Schriftsteller
11. Maler
12. Arbeit
13. Forschung
14. zuhören
15. Arbeitskleidung
16. Schule
17. vorbereiten
18. Projekt
19. Konzept
20. besprechen
21. Pause
22. Ingenieur
23. Erzieher
24. Arzt
25. Familie
26. Kinder
27. Brief
28. Kollegen
29. Schreibtisch
30. Beruf

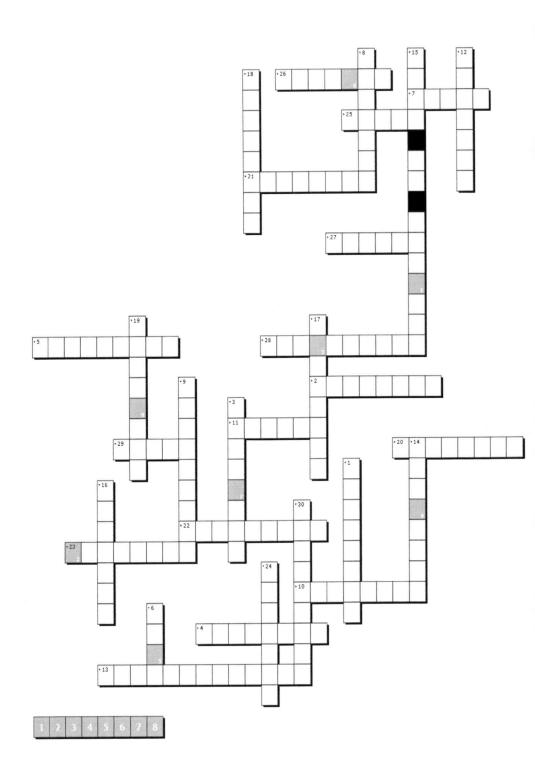

Spanisch lernen einfach und schnell!

Mis Nuevas Palabras / Meine neuen Wörter:

Deutsch	Español	M/F	Deutsch	Español	M/F
Übungen	*ejercicios*	*F*			

Una Nota del Autor / Eine Anmerkung des Autors:

Para cuando estés leyendo esta nota, habrás tenido la oportunidad de practicar español haciendo los ejercicios en este cuaderno.

Te agradezco el esfuerzo y espero que, no solo hayas disfrutado del contenido pero también que lo hayas encontrado beneficioso.

Es muy importante para mí saber tu opinión. Si en caso quisieras comentar acerca de los ejercicios o necesitaras alguna explicación adicional, por favor, no vaciles en comunicarte conmigo. Del mismo modo, siempre estoy disponible para programar una lección en persona o en línea.

Wenn Du diese Notiz liest, wirst Du bereits Gelegenheit gehabt haben, Spanisch zu üben, indem Du die Übungen in diesem Heft gemacht hast.

Ich danke Dir für Deine Mühe und ich hoffe, dass Dir der Inhalt nicht nur gefallen hat, sondern dass Du ihn auch nützlich fandest.

Es ist mir sehr wichtig, Dein Feedback zu erhalten. Wenn Du Kommentare zu den Übungen abgeben möchtest (auf Englisch oder Spanisch) oder zusätzliche Erklärungen benötigst, zögere bitte nicht, mich zu kontaktieren. Außerdem stehe ich Dir jederzeit zur Verfügung, um einen Termin für eine online-Unterrichtsstunde zu vereinbaren.

César E. Torreblanca
cesar@torreblanca.ca
www.torreblanca.ca

Antwortschlüssel

Konjugation der Verben ★ (S. 6)
1. i 2. l 3. g 4. e 5. r 6. t 7. o 8. a 9. p 10. d 11. c 12. s
13. j 14. k 15. q 16. m 17. n 18. h 19. f 20. b

Die Verben Ser und Estar ★ (S. 7)
1. son, son 2. es 3. está 4. está 5. es 6. está 7. es, está
8. estamos 9. es 10. estás 11. son 12. está 13. es 14. son, son
15. está 16. es, está 17. está 18. son 19. están 20. es

Wie spät ist es? ★ (S. 8)
a. Es la una
b. Son las ocho y cuarto / Son las ocho y quince
c. Son las diez y media
d. Son un cuarto para las siete / Son las siete menos cuarto
e. Son las once y veinte de la mañana
f. Son las once y veinte de la noche

Vokabelübung ★ (S. 9)

C	l	a	s	e				
A	b	e	c	e	d	a	r	i	o
S	a	b	e	r				
T	a	r	e	a				
E	s	t	u	d	i	a	n	t	e
L	i	b	r	o				
L	e	c	c	i	ó	n		
A	c	e	n	t	o			
N	a	c	i	o	n	e	s	
O	b	j	e	t	o			

Spanisch lernen einfach und schnell!

Übung von Basisverben ★
I. (S. 10)
2. puedo, ir   3. está, quiero   4. son, son   5. tenemos, ir
6. hace, ir   7. pueden, está   8. puedo, hablar, tengo   9. está, puede
10. tengo, Tengo   11. es, es   12. quiere, ir, quiere   13. es, está
14. está, quieres   15. es, Son   16. fue, estuve

II.
1. ~~tengo~~   2. estamos   3. puede   4. van   5. puedo   6. tuviste
7. somos   8. voy   9. hiciste   10. pudimos   11. fuiste   12. estuviste
13. hice   14. estoy

Übung mit dem Verb IR ★ (S. 13)
I. 1. I can't go to the market. I have to go to my uncle's house.
    2. Did you go to the bar after the concert? No, I only went to the concert.
    3. I'm not going to go to the store tonight. I already went this morning.
    4. Where are we going to eat? We are going to go to an Italian restaurant.
    5. With whom did you go to Carmen's party? I went with my husband.

II. 1. ¿Vas a ir a la oficina mañana?
    2. Ellos no pueden ir a la fiesta.
    3. Fuimos a ese restaurante tres veces.
    4. Voy a ir a mi casa en dos horas.
    5. ¿Te gusta ir al cine?

Übung mit dem Verb TENER ★ (S. 14)
1. d   2. c   3. c   4. a   5. d   6. b

Spanisch lernen einfach und schnell!

Kreuzworträtsel No. 1 Reisen (S. 15):

1. Urlaub → Vacaciones
2. Unterkunft → Alojamiento
3. besichtigen → visitar
4. kaufen → comprar
5. schwimmen → nadar
6. fotografía → fotografia (fotografieren)
7. mar → mar (Meer)
8. sol → sol (Sonne)
9. mapa → mapa (Landkarte)
10. laufen → caminar
11. Strand → playa
12. check in (en el hotel) → check in (einchecken)
13. Markt → mercado
14. trinken → beber
15. essen → comer
16. Rucksack → mochila
17. turistas → turistas (Touristen)
18. Españoles → Españoles (Spanier)
19. noche → noche (Nacht)
20. día → día (Tag)
21. cámara → cámara (Kamera)
22. Geld → dinero
23. Richtung → dirección
24. Toilette → baño
25. schlafen → dormir
26. warten → esperar
27. Wetter → tiempo
28. regnen → lluvia
29. Schuhe → zapatos
30. fahren → conducir

Lösungswort: PLAYA DE ARENA

Pronomen und Demonstrativpronomen ★ (S. 17)
1. ese   2. Esos   3. Esta   4. Esas   5. estas   6. eso   7. estos
8. Este, Ese   9. Esa   10. Esos   11. Esa, Ese   12. estos   13. Ese
14. Esto   15. Este   16. esto   17. estos / esos   18. Esa / esas

Possesivpronomen ★
I. (S. 18)
1. nuestra   2. mía   3. tuyos, de   4. mis   5. mi   6. tu / mía
7. de nosotros   8. Nuestro   9. mía, de   10. tuyas   11. mi, mis
12. tuyas, nuestras

II.
1. c   2. b   3. a   4. d   5. c   6. b

Vokabelübung - Wortsuche ★ (S. 21):

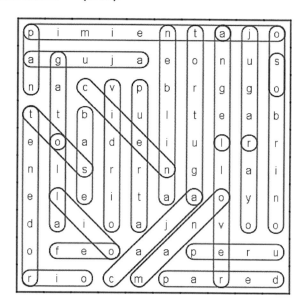

Übung zu Präpositionen ★★ (S. 22)
Yo voy **con** mi mamá **al** mercado todos los sábados **en/por** la mañana. Pero, antes **de** ir **al** mercado, tenemos **que** ir **a** la carnicería. Mi familia come mucha carne y nos gusta mucho. Comemos carne **de** res, pollo, etc. Esta carnicería es **del** papá de mi amigo José; la carne **que** tienen es muy buena y **sin** grasa...!
Después **de** la carnicería, vamos **al** supermercado. Allí compramos muchas cosas **para** la familia. Frutas y verduras **para** mi hermana, té **para** mi abuelita, galletas **de** chocolate **para** mi hermanito y, cerveza **para** mi papá.

Después **de** comprar carne y comida, regresamos **a** la casa **para** limpiar. Mi papá trabaja **en** el jardín y mi mamá y mi hermana limpian la sala y los dormitorios. Yo estoy **con** mi abuelita **en** la cocina preparando el almuerzo.

En/Por la tarde, yo voy **al** cine **con** mis amigos. Las películas **que** más me gustan son las películas **de** acción y **de** romance. **Para** mí, ir **al** cine es la mejor parte **del** fin de semana.

Kreuzworträtsel No. 2 Freizeit (S. 23)

1. Hobby → afición
2. Freunde → amigos
3. lachen → reírse
4. ausgehen → salir de fiesta
5. Kino → cine
6. Sport → deporte
7. Getränke → bebidas
8. sich treffen → reunirse
9. Kaffee trinken → beber café
10. lesen → leer
11. Park → parque
12. Restaurant → restaurante
13. Sehenswürdigkeiten → turismo
14. Party → fiesta
15. Verabredung → cita
16. Zeit → tiempo
17. Haustiere → mascotas
18. einkaufen → comprar
19. spielen → jugar
20. besuchen → visitar
21. Stadt → ciudad
22. Sportplatz → campo deportivo
23. Schwimmbad → piscina
24. ausgehen → salir
25. Museum → museo
26. Mitternacht → medianoche
27. Bier → cerveza
28. Ausstellung → exposición
29. Feierabend → hora de cierre
30. entspannen → relajarse

Lösungswort: URLAUB

Konjugation von Verben ★★ (S. 25)
1. g   2. i   3. m   4. l   5. b   6. q   7. a   8. o   9. c   10. p   11. d
12. r   13. h   14. j   15. f   16. k   17. e   18. n

Die Verben SER und ESTAR ★★ (S. 26)
1. estábamos   2. está, está   3. estuvieron   4. ha estado   5. han estado
6. es, es   7. es   8. han sido   9. hemos estado   10. era   11. fue
12. es, está   13. es   14. he estado   15. estaba

Das Verb MÖGEN ★★ (S. 27)
1. A José le gusta trabajar en su casa. A él no le gusta ir a la oficina.
2. ¿Te gusta leche en tu café? No, me gusta azúcar solamente.
3. A mi hermana le gusta la música latina. A mí me gusta la música clásica.
4. A nosotros nos gustan los mangos de Panamá.
5. A mí me gusta comer en la casa. ¿Y a ti? No, a mí me gusta comer en el restaurante.
6. Cecilia doesn't like to walk alone.
7. Do you like to sing? Yes... but I also like to dance.
8. I don't want to eat broccoli because I don't like it.
9. Blue is the color I like the most.
10. I like red wine. And you? I like white wine.

Zeiten: Das Imperfekt ★★
I. (S. 28)
1. estabas, fui   2. estaban, conocí   3. tenía, terminé   4. estuvieron
5. estuvo   6. éramos, íbamos   7. vivimos   8. vivimos
9. vivimos *or* vivíamos   10. estaba, está

II.
1. estuve   2. era / tenía   3. fue / fui / estuve   4. tenía / íbamos
5. podía   6. pudimos / había   7. fuiste / tuve   8. sabía

Basisverben ★★ (S. 30)
1. d   2. c   3. a   4. b   5. b   6. c   7. c   8. d   9. d   10. d

Übung zu Adverbien ★★ (S. 31)
1. arriba *or* encima   2. paraguas   3. arriba *or* encima   4. bruja, izquierda
5. entre   6. lado   7. izquierda   8. derecha   9. mujer, lechuza
10. derecha, debajo

Die Verwendung von "POR" und "PARA" ★★
I. (S. 32):
1. Estuve en Madrid **POR** dos semanas.
2. Janet compró una camisa de algodón **PARA** su esposo.
3. Perú es conocido **POR** las ruinas de Machu Picchu.
4. El gato salió de la casa **POR** la ventana del sótano.
5. Quiero viajar **POR** todo Chile. **POR** eso quiero aprender español.

II.
1. por   2. Para / para   3. para   4. por / para   5. por / por   6. para
7. para / por   8. por   9. por   10. para

Kreuzworträtsel No. 3 Zahlen, Farben, Alltag (S. 34):

1. Tür → puerta
2. Grau → gris
3. Fünf → cinco
4. Tisch → mesa
5. zählen → contar
6. malen → pintar
7. kochen → cocinar
8. Zimmer → habitación (cuarto auch möglich)
9. Garten → jardín
10. aufräumen → ordenar
11. aufstehen → levantarse
12. schlafen → dormir
13. Grün → verde
14. Blau → azul
15. Pinsel → cepillo
16. waschen → lavar
17. putzen → limpiar
18. Bett → cama
19. Pflanzen → plantas
20. Uhr → reloj
21. Treppe → escaleras
22. Zehn → diez
23. Eins → una
24. Obst → fruta
25. Null → cero
26. rechnen → calcular
27. Radio → radio
28. Musik → musica
29. Keller → sótano
30. Garage → garaje

Lösungswort: COLORIDO

Übung zum Subjuntivo ★★★
I. (S. 37)
1. sea   2. pueda   3. hables   4. interese   5. tuviera, compraría   6. tenga
7. vengas   8. lleguen   9. cocine   10. lleves   11. viera   12. hiciera
13. pueda   14. llegaran   15. fueras

II.
1. k   2. l   3. j   4. h   5. i   6. c   7. e   8. f   9. a   10. g
11. b   12. d

Basisverben ★★★ **(S. 39)**
1. íbamos   2. estaría   3. han hecho   4. pueda   5. había ido 6. podía
7. hemos ido   8. era   9. has tenido   10. he estado   11. vaya   12. están yendo

Die Verben "SER" und "ESTAR" ★★★ **(S. 40)**
1. estaba   2. estuvimos   3. estamos   4. hemos estado   5. estaba, está
6. estuviera   7. esté   8. sea   9. está *or* estaba   10. son, estaban   11. fueras
12. estés   13. ha sido   14. es *or* fue   15. esté

Vokabelübung (Sprichwörter) ★★★ (S. 42)

1. e   2. g   3. j   4. b   5. a   6. d   7. i   8. c   9. h   10. f

Kreuzworträtsel No. 4 Beruf (S. 43):

1. Bäcker → panadero
2. Lehrer → profesor
3. lernen → aprender
4. schreiben → escribir
5. Ausbildung → educación
6. Chef → jefe
7. bezahlen → pagar
8. Gehalt → salario (sueldo auch üblich)
9. bauen → construir
10. Schriftsteller → escritor
11. Maler → pintor
12. arbeit → trabajo
13. Forschung → investigación
14. zuhören → escuchar
15. Arbeitskleidung → ropa de trabajo
16. Schule → escuela
17. vorbereiten → preparar(se)
18. Projekt → proyecto
19. Konzept → concepto
20. besprechen → discutir
21. Pause → pausa
22. Ingenieur → ingeniero
23. Erzieher → educador
24. Arzt → doctor
25. Familie → familia
26. Kinder → niños
27. Brief → carta
28. Kollegen → colegas
29. Schreibtisch → escritorio
30. Beruf → profesión

Lösungswort: BERUFUNG

Printed in Poland
by Amazon Fulfillment
Poland Sp. z o.o., Wrocław

25728041R00034